Est-ce que tous les rois étaient de grands guerriers ?
pages 12-13

La méchante reine de *Blanche-Neige* a vraiment existé ?
pages 14-15

Tous les rois s'appellent *Louis*, et toutes les reines *Élisabeth* ?
pages 16-17

?

Quelles sont les reines les plus célèbres ?
pages 22-23

Pourquoi il n'y a plus de rois en France ?
pages 24-25

Comment vivent les familles royales aujourd'hui ?
pages 32-33

Est-ce que les rois et les reines travaillent ?
pages 34-35

Est-ce que je pourrai épouser un roi ou un futur roi ?
pages 36-37

Conception graphique : Emma Rigaudeau
Mise en pages : Pascale Darrigrand

editionsmilan.com

ISBN : 978-2-7459-7781-6 - Dépôt légal : 3e trimestre 2017 - Imprimé en Chine

les rois et les reines

Textes d'**Astrid Dumontet**
Illustrations d'**Ariane Pinel**

MILAN

Ça existe depuis quand, les rois et les reines ?

Un roi est le chef d'un pays, qu'on appelle un *royaume*.
Dans certains cas, le roi porte le titre d'*empereur*.
Pour désigner ce système politique, on parle de *monarchie*.

À la fin de la préhistoire, les hommes bâtissent les premières villes, d'abord au bord de la mer Méditerranée, puis en Afrique et en Asie. Ces premières cités antiques sont gouvernées par des rois.

En Mésopotamie (Moyen-Orient actuel), chaque **cité** est un petit royaume. Le roi s'occupe de développer l'agriculture et le commerce, et dirige l'armée. Choisi par les dieux pour régner (c'est la croyance de l'époque), il est aussi un chef religieux.

De grandes civilisations apparaissent à cette période. Celle qui voit le jour en Égypte est marquée par le règne des **pharaons** (nom des rois dans ce pays), qui va durer plus de 3 000 ans. La Chine est également l'un des plus anciens **royaumes** connus.

Du temps où la France était la Gaule, le chef franc Clovis fonde la première **dynastie** : une succession de souverains d'une même famille. Il est considéré comme le premier roi du royaume qui allait devenir la France.

Comment on devient roi ?

« Le roi est mort, vive le roi ! », criait-on autrefois en France à la disparition d'un roi, pour accueillir son successeur. En effet, un roi exerce sa fonction jusqu'à sa mort, puis un autre lui succède sur le trône.

À l'origine, les rois étaient considérés comme les représentants de Dieu sur terre. Ils étaient soi-disant désignés par lui pour diriger les hommes. Ce **pouvoir sacré** leur garantissait d'être respectés par tous.

Les premiers rois ont voulu s'assurer qu'à leur mort leur royaume reviendrait à leurs enfants. La transmission de la couronne est donc devenue **héréditaire**. Ainsi se sont succédé des dynasties, des lignées de rois descendant du même ancêtre.

Autrefois, le roi devenait roi lorsqu'il était **couronné** et montait sur le **trône**. Aujourd'hui, les rois ne portent plus de couronne. Ils ne montent pas non plus réellement sur le trône, mais l'expression est restée !

Est-ce qu'on peut refuser d'être roi ou reine ?

À la mort du roi ou de la reine, l'aîné des enfants prend sa place, et ce pour le reste de sa vie ! Mais il a la possibilité d'abdiquer s'il ne souhaite pas régner. Récemment, plusieurs souverains ont abdiqué parce qu'ils étaient âgés et désiraient laisser leur place après un long règne.

Comment c'était, en France, au temps des rois ?

Les rois ont longtemps régné sur la France. Durant cette période (du Ve au XVIIIe siècle), leur pouvoir a évolué, de même que les frontières du royaume et les conditions de vie de ses habitants.

Les premiers rois avaient un pouvoir réduit. Le royaume était partagé en domaines appartenant à des **seigneurs**, propriétaires de leur château. Ceux-ci régnaient en maîtres sur les paysans qui cultivaient leurs terres, et des chevaliers les protégeaient.

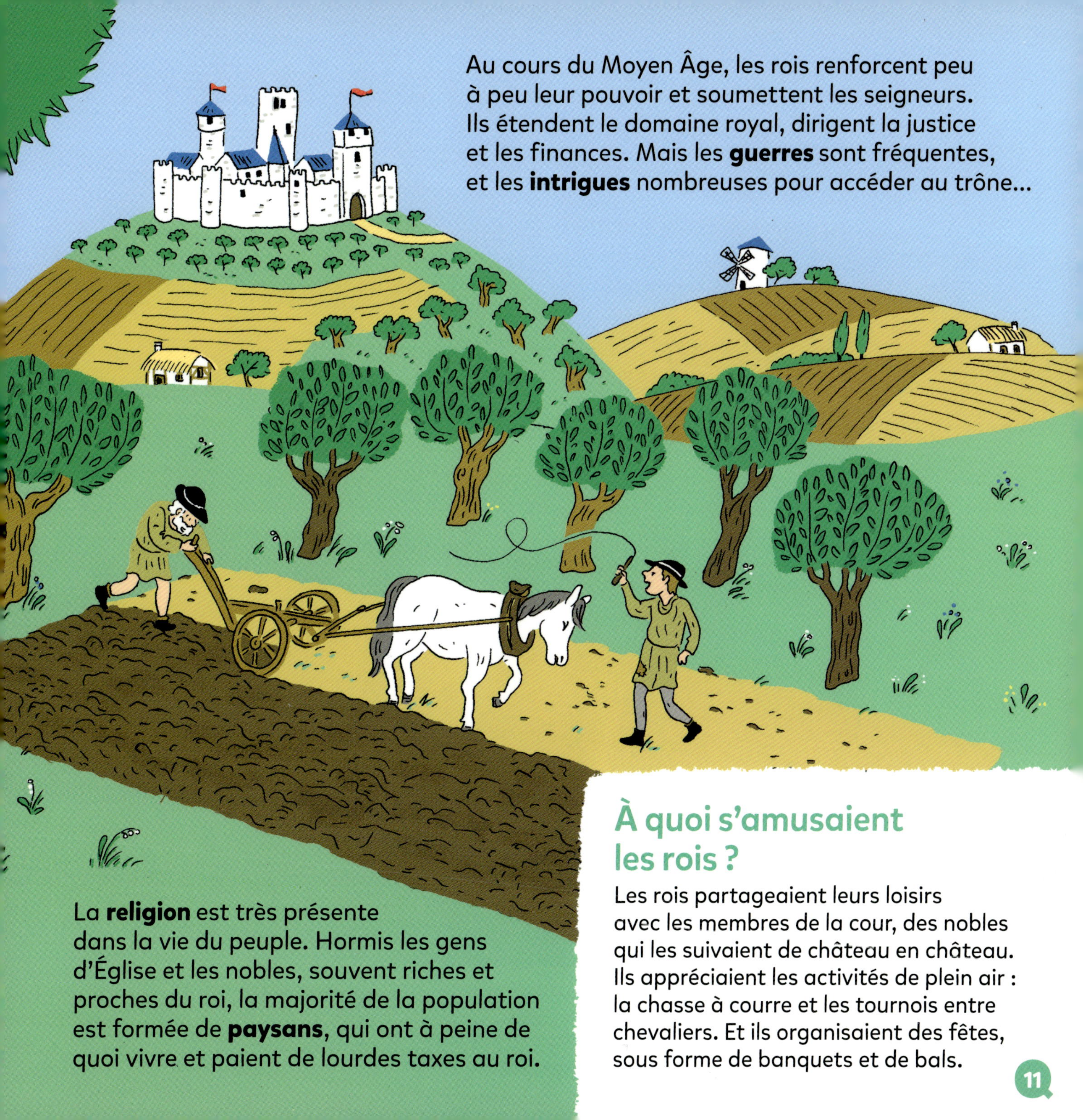

Au cours du Moyen Âge, les rois renforcent peu à peu leur pouvoir et soumettent les seigneurs. Ils étendent le domaine royal, dirigent la justice et les finances. Mais les **guerres** sont fréquentes, et les **intrigues** nombreuses pour accéder au trône...

La **religion** est très présente dans la vie du peuple. Hormis les gens d'Église et les nobles, souvent riches et proches du roi, la majorité de la population est formée de **paysans**, qui ont à peine de quoi vivre et paient de lourdes taxes au roi.

À quoi s'amusaient les rois ?

Les rois partageaient leurs loisirs avec les membres de la cour, des nobles qui les suivaient de château en château. Ils appréciaient les activités de plein air : la chasse à courre et les tournois entre chevaliers. Et ils organisaient des fêtes, sous forme de banquets et de bals.

Est-ce que tous les rois étaient de grands guerriers ?

Entre les expéditions militaires contre les peuples voisins pour conquérir de nouveaux territoires et la défense face aux invasions, les rois étaient souvent en guerre !

Les rois commandaient leur **armée** et devaient être de fins stratèges. Ils combattaient eux-mêmes sur les champs de bataille. Cotte de mailles, bouclier, épée, puis canons : les armes de guerre se sont perfectionnées au fil du temps.

Des rois et des empereurs ont été de grands **conquérants.** À la tête d'une armée pouvant compter 100 000 hommes, le roi franc Charlemagne a gagné tant de guerres contre les autres peuples européens qu'il a fondé un immense empire !

De grandes **guerres de pouvoir** ont aussi marqué l'histoire. La guerre de Cent Ans, qui a vu s'affronter les royaumes de France et d'Angleterre pour décider qui hériterait du trône de France, en fait partie.

Lors de leur couronnement, les rois portaient une épée, symbole de leur fonction guerrière et protectrice du royaume et de l'Église. Les rois actuels sont toujours chefs des armées : leur tenue officielle est l'**uniforme militaire.**

La méchante reine de *Blanche-Neige* a vraiment existé ?

Blanche-Neige et sa belle-mère, la méchante reine, sont des personnages de contes de fées. Des histoires inventées il y a très longtemps.

« Il était une fois une reine... » Ainsi commencent généralement les contes, parce qu'à l'origine ils étaient racontés à l'oral uniquement. Les gens aimaient **se distraire** avec ces histoires transmises de génération en génération.

Ces récits sont appelés **contes de fées** parce qu'il s'y passe des évènements magiques. Si certains détails ont pu être inspirés du réel, les personnages, souvent des rois, des princes et des princesses, sont imaginaires et là avant tout pour faire rêver !

Des **écrivains** comme les frères Grimm ou Charles Perrault ont recueilli ces histoires et les ont couchées par écrit. Grâce à eux, les aventures de Blanche-Neige, Cendrillon ou Raiponce ont traversé les siècles.

D'où vient la galette des Rois ?

Le 6 janvier, on mange une galette pour l'Épiphanie, une fête chrétienne célébrant les Rois mages. Cette coutume serait en fait un mélange des traditions chrétienne et romaine, rappelant des fêtes antiques où les esclaves pouvaient jouer les maîtres s'ils tiraient la fève.

Tous les rois s'appellent *Louis*, et toutes les reines *Élisabeth* ?

Les rois et reines d'Europe sont appelés par leur prénom. *Louis*, *Charles* ou *Philippe* sont devenus des prénoms royaux transmis de génération en génération.

Les premiers rois et reines français portaient des **prénoms médiévaux** qui nous semblent étranges aujourd'hui : *Clotaire*, *Chilpéric*, *Dagobert* pour les hommes ; *Frédégonde*, *Bertrude* ou *Nantilde* pour les femmes.

Plus tard, les rois ont **transmis** leur prénom à leurs **enfants**. L'héritier du trône portait donc le prénom de son père ou de son grand-père paternel. Voilà comment plusieurs rois se sont appelés *Louis* ou *Charles*, et plusieurs reines *Élisabeth*, *Marie* ou *Anne*.

Henri IV et Marie de Médicis

Leurs enfants : Louis, Élisabeth, Christine, Nicolas, Henriette

Louis XIII et Anne d'Autriche

Leurs enfants : Louis et Philippe

Louis XIV et Marie-Thérèse

Leurs enfants : Louis, Anne-Élisabeth, Marie-Thérèse, Philippe-Charles, Louis-François

Pour distinguer les rois portant le même prénom, on les a alors **numérotés** (en chiffres romain) : *Louis XIV*, *Louis XV*, *Louis XVI*...
Il arrivait aussi qu'ils portent un surnom : *Charles III le Gros*, *Louis XI le Prudent*...

D'où vient l'expression *Sa Majesté* ?

C'est une tradition historique toujours en usage. Lorsqu'on s'adresse à un roi, une reine, un sultan ou un prince souverain, la règle est de dire *Sa Majesté*, comme formule de politesse et de respect.
On emploie *Son Altesse Royale* pour les autres membres de la famille royale.

Pourquoi on appelait Louis XIV le Roi-Soleil ?

Craint et admiré, ce roi français, né en 1638, a été l'un des plus puissants souverains d'Europe. Son règne a d'ailleurs duré 72 ans !

Louis est devenu roi à seulement 5 ans. Une fois en âge de régner, il décide de diriger seul les affaires du pays en s'appropriant tout le pouvoir : on parle alors de **monarchie absolue**.

Louis XIV a mené de nombreuses guerres contre les autres familles royales d'Europe, ce qui lui a permis d'**agrandir** le royaume. Sous son règne, la France est devenue un riche et puissant pays.

Lui qui s'estime supérieur à tous prend le soleil pour **emblème**, d'où son surnom de *Roi-Soleil*. Pour afficher sa **puissance**, il s'entoure d'artistes brillants et de grands architectes, lesquels bâtissent, à Versailles, un palais éblouissant !

La cour désigne l'ensemble des nobles qui vivent auprès du roi. Celle du Roi-Soleil, installée à Versailles, est composée de milliers de **courtisans** qui cherchent à être les favoris du roi. Ils assistent à ses moindres faits et gestes, de son lever à son coucher.

La reine a autant de pouvoir que le roi ?

Les femmes, parce qu'elles n'étaient pas considérées comme les égales des hommes, ont été beaucoup moins nombreuses à régner.

Par le passé, les reines étaient avant tout les **épouses** des rois. Beaucoup ont cependant joué un rôle important en conseillant et en influençant leur époux dans ses décisions.

Que ce soit chez les pharaons, les empereurs du Japon ou les familles royales d'Europe, les **règles de succession** faisaient du fils aîné l'héritier du trône. On attendait donc de la reine qu'elle ait un garçon !

Peu de reines ont régné en leur nom propre. Elles **remplaçaient** généralement leur fils, trop jeune pour régner, ou leur époux, parti à la guerre. Pourtant, celles qui ont gouverné ont su autant faire preuve d'ambition et d'autorité que des rois.

Les reines actuelles sont reines parce qu'elles n'ont pas eu de frères. Mais, désormais, en Europe (excepté en Espagne), l'**aîné** de la famille hérite du trône, que ce soit un garçon ou une fille. Il était temps !

Quelles sont les reines les plus célèbres ?

Pour le rôle qu'elles ont joué dans l'histoire de leur royaume, leur personnalité et ce qu'elles ont représenté ou représentent, voici quatre reines d'hier et d'aujourd'hui devenues célèbres.

Brillante et cultivée, **Cléopâtre VII** a été reine d'Égypte de 51 à 30 av. J.-C. Décidée à rendre sa gloire à son royaume affaibli, elle obtient le soutien de deux généraux romains amoureux d'elle : Jules César puis Marc Antoine. À sa mort, l'ère des pharaons prend fin.

Au Moyen Âge, **Aliénor d'Aquitaine** a été reine de France, puis d'Angleterre après l'annulation de son premier mariage. Fine stratège politique, elle a été aussi la protectrice des troubadours, les poètes de l'époque.

Catherine II, impératrice de Russie, a été une chef d'État redoutable durant ses 34 ans de règne, conquérant de nouveaux territoires. Elle a aussi fait ouvrir des écoles et des hôpitaux partout dans son pays.

Elizabeth II est reine depuis 1952 : c'est le règne le plus long de l'histoire de son pays ! Avec son caractère bien trempé et ses chapeaux colorés, la plus célèbre monarque d'Europe est très aimée de son peuple.

Pourquoi il n'y a plus de rois en France ?

Après 1 300 ans de royauté, le peuple français en a assez ! Les guerres ont ruiné le pays, la population subit le contrôle absolu des rois et un système hiérarchisé injuste et fortement inégalitaire.

En 1789, le peuple meurt de faim. **Louis XVI**, l'arrière-petit-fils du Roi-Soleil, ne prend pas au sérieux la révolte qui gronde. Il refuse de partager son pouvoir avec les représentants du peuple et de réduire les privilèges des nobles.

Les Parisiens se révoltent et s'emparent le 14 juillet de la Bastille, une prison royale détenant des armes. La **Révolution** est en marche ! Voulant fuir le pays, le couple royal est accusé de trahison et condamné à mort.

C’est la fin de la royauté et le début d’un nouveau système politique, la **république.** À la place du roi, c’est le peuple qui est souverain et gouverne le pays. Ses représentants veulent établir plus de justice et l’égalité pour tous.

Si la royauté revenait en France, qui serait roi ?

Il y aurait trois prétendants au trône ! Le prince franco-espagnol Louis de Bourbon, descendant direct du Roi-Soleil. Henri d’Orléans, descendant du frère du Roi-Soleil. Et Jean-Christophe Napoléon, descendant du dernier monarque français, l’empereur Napoléon III.

Il y a encore des pays gouvernés par des rois et des reines ?

Dispersés sur tous les continents, une quarantaine de pays ont un monarque comme chef d'État. Hormis les rois et les reines, il y a des princes, des émirs, des sultans et un empereur.

En **Europe**, **dix pays** ont des rois, des reines, des princes ou des grands-ducs héréditaires, telles la Belgique avec le roi Philippe, l'Espagne avec Felipe VI, la Norvège avec Harald V… En Asie et en Afrique, quelques pays sont des monarchies : le Cambodge et le Maroc par exemple.

Ces pays sont des **monarchies constitutionnelles**, c'est-à-dire que les rois se soumettent à la Constitution (l'ensemble des règles dictant le fonctionnement de l'État). Ils règnent mais, pour une grande majorité, ne gouvernent pas.

Il reste quelques pays arabes (Brunei, Oman, Qatar, Arabie saoudite) et un pays en Afrique (Swaziland) où le roi a tous les pouvoirs. Les droits de l'homme n'y sont pas toujours respectés, et le régime s'apparente à une **dictature**.

Qui sont les futurs rois et reines d'Europe ?

Quatre héritières et six héritiers peuvent monter sur le trône à tout moment. Le prince Charles, qui succèdera au Royaume-Uni à sa mère, Elizabeth II, est le plus âgé d'entre eux. Le plus jeune, le prince Jacques, successeur du prince Albert de Monaco, est né en 2014.

Est-ce que tous les rois habitent dans des châteaux ?

Les rois ont toujours eu des châteaux ou des palais comme maisons. L'architecture de ces demeures a varié au fil des siècles, en fonction des besoins de leur époque de construction.

Au Moyen Âge, le roi et les seigneurs vivaient dans des châteaux avec leur famille, leurs serviteurs et leurs soldats. L'époque étant dangereuse, ils faisaient bâtir des **châteaux forts** : des forteresses imprenables en cas d'attaque.

Les guerres entre seigneurs cessant, on arrête de construire ce type de châteaux dès la fin du Moyen Âge. On recherche désormais le confort et la beauté des lieux. Châteaux à la campagne et **palais** en ville se voient ornés de somptueux jardins.

Pour exercer leur pouvoir, les rois de France se déplaçaient dans le royaume de château en palais, avec toute leur cour. À partir de Louis XIV, le monarque et la cour résideront uniquement au **château de Versailles.**

Aujourd'hui encore, les châteaux restent le lieu de vie des rois. À Londres, la reine d'Angleterre et son mari sont logés au célèbre ***Buckingham Palace*** : ce palais appartient à l'État, mais la famille royale continue à y vivre.

Est-ce que les rois de tous les pays sont pareils ?

La plupart des monarchies du monde fonctionnent de la même manière. Les différences résident essentiellement dans certaines coutumes anciennes qui perdurent par endroits, notamment en Asie et en Afrique.

Les six rois d'Asie ont seulement un rôle de représentation. Parmi eux, l'empereur du Japon, Akihito, est **vénéré** par son peuple. Selon la mythologie japonaise, il serait le descendant d'Amaterasu, la déesse du soleil.

Le Swaziland est le dernier pays d'Afrique à avoir un roi qui règne de manière totale. Les **coutumes ancestrales** y sont toujours pratiquées, notamment pour la désignation du successeur.

Dans l'océan Pacifique se trouvent les îles Wallis-et-Futuna, qui forment trois royaumes. Les trois rois, des **chefs traditionnels**, ont été conservés avec l'accord de la France (c'est une collectivité d'outre-mer). Le pouvoir n'y est pas héréditaire.

Au Koweït et au Qatar, des pays arabes, le souverain porte le titre d'**émir**, qui signifie « prince » ou « commandant ». D'autres souverains musulmans portent le titre de **sultan**. Émirs et sultans peuvent avoir plusieurs épouses.

Comment vivent les familles royales aujourd'hui ?

Les rois et les reines ne vivent plus entourés d'une cour de nobles comme c'était le cas autrefois. La royauté a évolué, même si certaines traditions demeurent.

Les familles royales, issues de la noblesse d'antan, vivent **richement**. Elles possèdent plusieurs palais, hérités de leurs ancêtres. Voitures de luxe, yachts, robes de haute couture font partie de leur quotidien... La vie de château !

Souvent **cultivés**, beaucoup de rois actuels parlent plusieurs langues. Comme tout le monde, ils ont des talents et des passions. Le roi d'Espagne a participé à des Jeux olympiques. La reine du Danemark se consacre au dessin et à la peinture.

Comme les rois représentent leur pays, le peuple attend d'eux qu'ils soient un **modèle**, un exemple. Les familles royales soutiennent toutes des associations pour des causes diverses, par exemple la recherche scientifique.

Pourquoi les familles royales font la une des journaux ?

Leurs membres sont comme des célébrités. Ils font rêver. Chaque évènement, mariage ou naissance, est raconté dans la presse. La vie de la famille royale britannique passionne particulièrement les foules.

Est-ce que les rois et les reines travaillent ?

Les rois et les reines n'ont pas un métier « ordinaire ». Pourtant, être roi demande de remplir de nombreuses tâches. Travailler pour le bien de son peuple n'est pas de tout repos !

Aujourd'hui, la plupart des rois sont des chefs d'État symboliques aux pouvoirs limités. Même si c'est le gouvernement, élu par le peuple, qui dirige le pays, ils sont informés des décisions politiques et participent aux **cérémonies** officielles.

Dans l'agenda des rois et reines, il y a très souvent des voyages à l'étranger et des rencontres avec des chefs d'État, pour renforcer les liens entre les pays. Ils sont des **ambassadeurs** : ils représentent leur pays à travers le monde.

Ils se déplacent également aux quatre coins de leur royaume pour **rencontrer** leurs compatriotes et assister à des évènements tels que des commémorations, des remises de prix, des inaugurations de centres culturels...

En Europe, les **revenus** des rois et des reines proviennent souvent de leur fortune personnelle et d'une somme que le pays leur verse pour leurs frais de déplacement et leur rôle de représentation. Une sorte de salaire.

Est-ce que je pourrai épouser un roi ou un futur roi ?

Épouser un roi et devenir reine, ou épouser un prince et devenir princesse, ça ressemble à un conte de fées ! Et pourtant, de nos jours, de tels mariages sont désormais possibles.

Dans l'histoire de la royauté, les mariages ont eu pour but de créer des **alliances**, d'agrandir des royaumes ou d'éviter des guerres. Dès l'enfance, les princes et princesses étaient souvent promis en mariage à des héritiers étrangers.

Voilà pourquoi, quand on regarde l'**arbre généalogique** des rois de France, on trouve des reines espagnoles, autrichiennes ou italiennes. Les futurs époux pouvaient être parents, ce qui n'était pas très bon pour la santé de leurs enfants.

Ces cent dernières années, les mariages entre personnes de sang royal et personnes sans titre de noblesse sont de plus en plus fréquents. Au Royaume-Uni, le prince William a épousé la fille d'un simple chef d'entreprise. C'est un **mariage d'amour** !

Pour se marier avec un roi, encore faut-il s'en approcher, et ce n'est pas si facile ! Comme les **stars**, les rois sont difficiles à aborder, et même très protégés quand ils se déplacent en public.

Découvre les autres titres de la collection

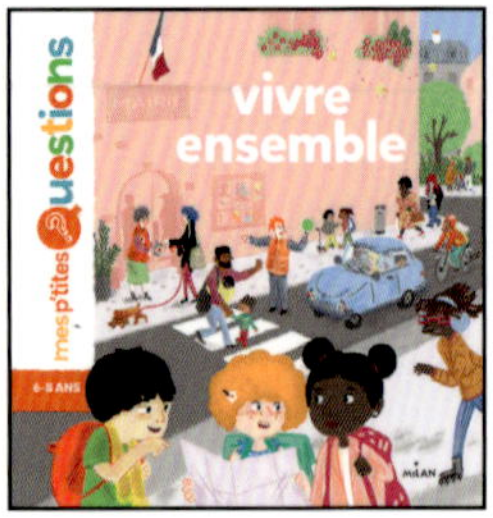

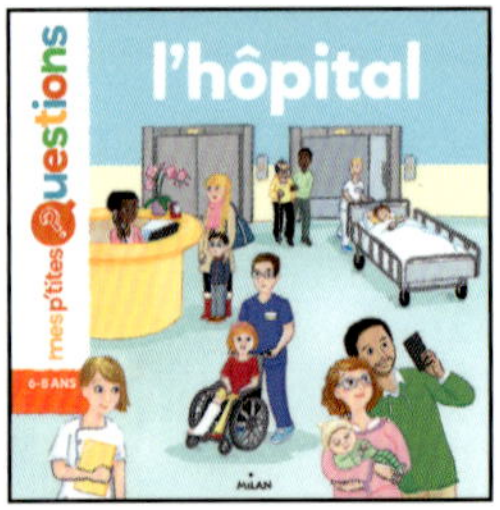

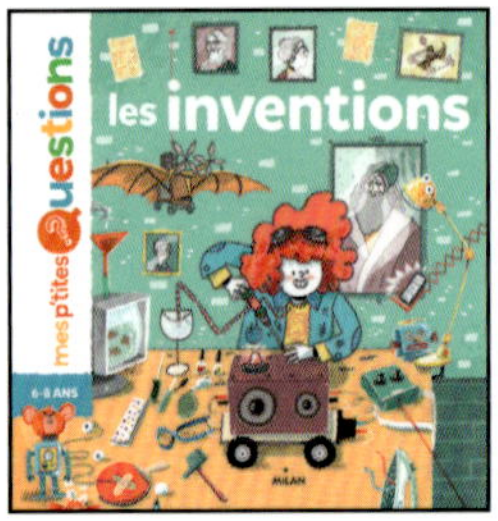

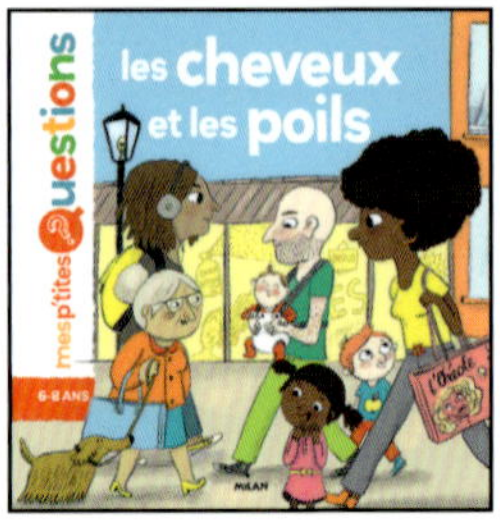

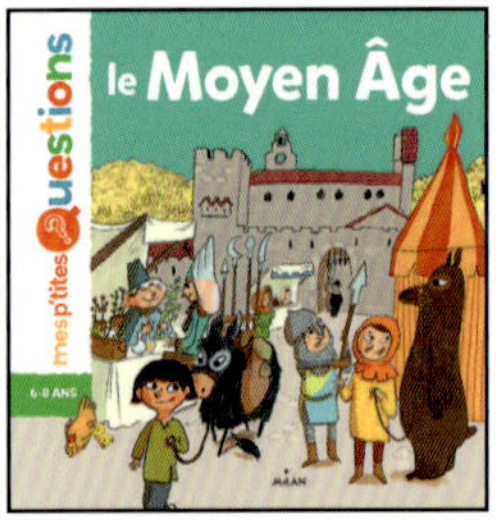

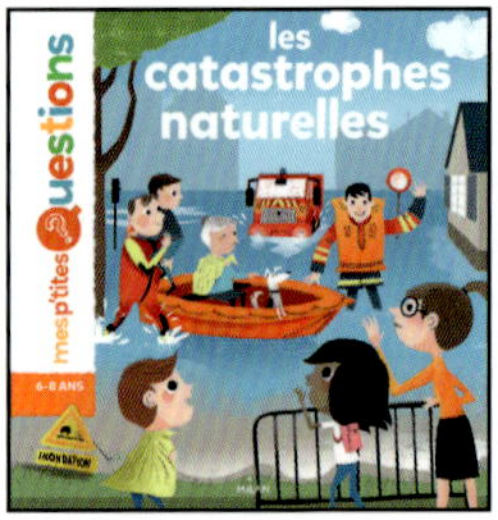

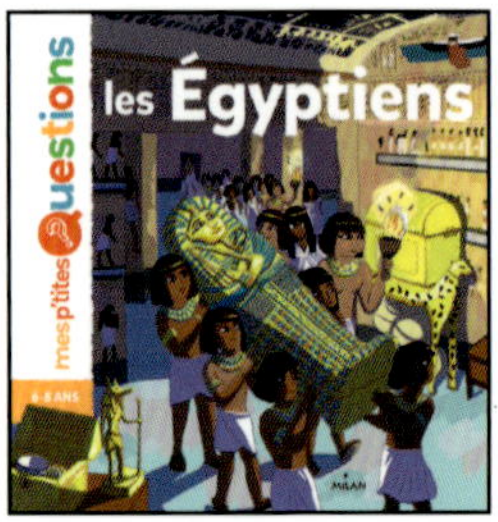

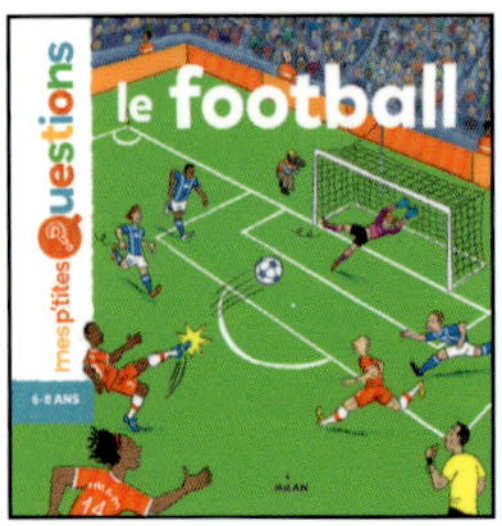

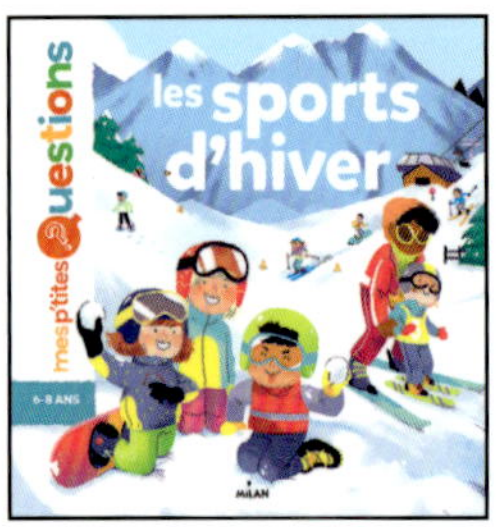

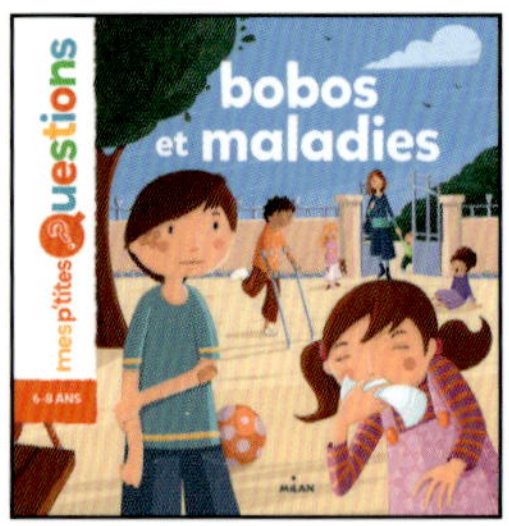